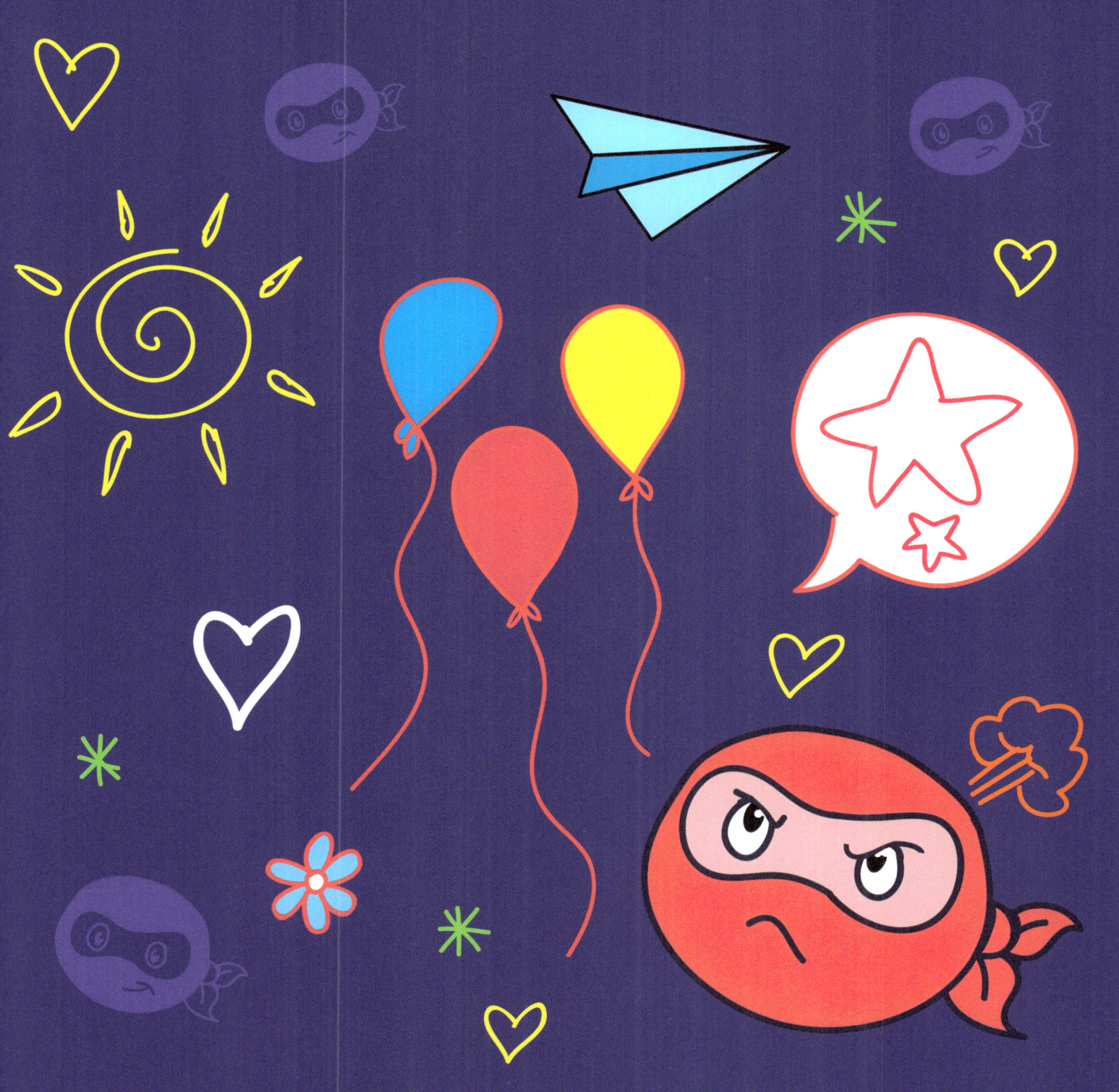

Ninja Life Hacks™

Este libro es dedicado a mis hijos - Mikey, Kobe y Jojo.

Copyright © Grow Grit Press LLC. Todos los derechos reservados. Ninguna parte de este libro puede ser reproducida en ninguna forma sin el permiso por escrito de la editorial. Por favor, envíe solicitudes de pedido al por mayor a growgritpress@gmail.com 978-1-63731-342-8 Impreso y encuadernado en los Estados Unidos.
NinjaLifeHacks.tv

El Ninja Valiente

Por Mary Nhin

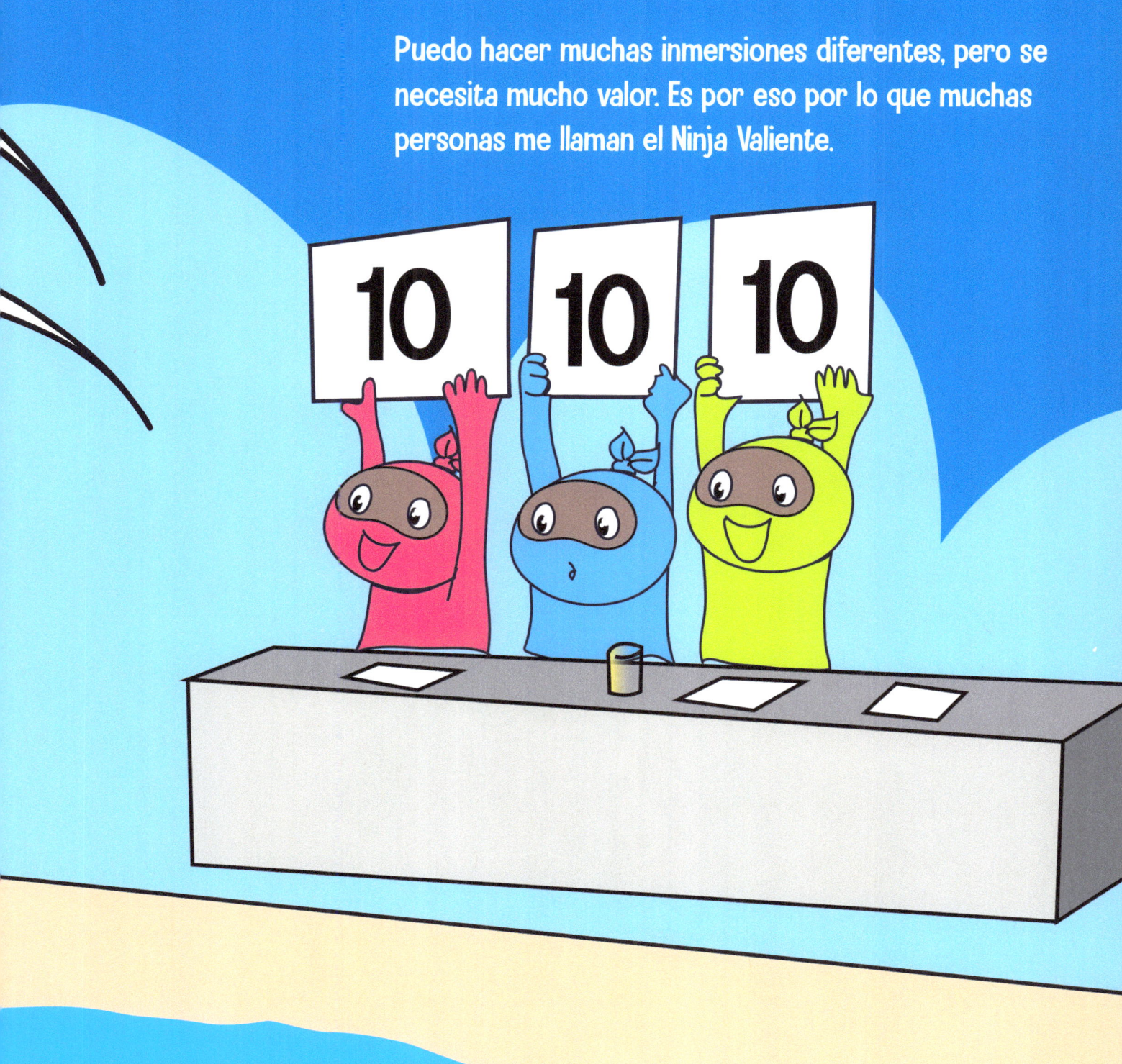

Puedo hacer muchas inmersiones diferentes, pero se necesita mucho valor. Es por eso por lo que muchas personas me llaman el Ninja Valiente.

Cuando tengo miedo de hacer algo, me animo a ser valiente.

Cuando me siento preocupado, visualizo que todo estará bien.

Y cuando me siento ansioso, me relajo tomando algunas respiraciones profundas.

No siempre he sido tan valiente.

Si tuviera que dejar a mis padres por algún tiempo, me preocupaba que algo pudiera pasarme a mí o a mis padres.

A veces por la noche, me asustaban las cosas en la oscuridad.

Y si estaba aprendiendo algo nuevo, temía que me lastimara.

Pero las cosas cambian cuando el Ninja Tranquilo introdujo una estrategia para ayudarme a ser valiente.

A veces, ayuda *ser* valiente incluso cuando no nos *sentimos* valientes.

Mientras caminaba sobre el trampolín, sentí que mi corazón latía más rápido, mis manos temblaban y mi respiración se aceleraba.

Tomé algunas respiraciones profundas y relajé mis músculos.

Para mi sorpresa, sobreviví. Salí del agua, radiante de orgullo.

EL CANTO DEL NINJA VALIENTE

Cuando no me siento valiente,

Puedo recordar que ser valiente es una elección

que puedo hacer con mi respiración, cuerpo y voz.

Si alguna vez sientes que podrías necesitar un poco de valor, recuerda que el método R.R.A.V.E. podría ser tu arma secreta contra el miedo.

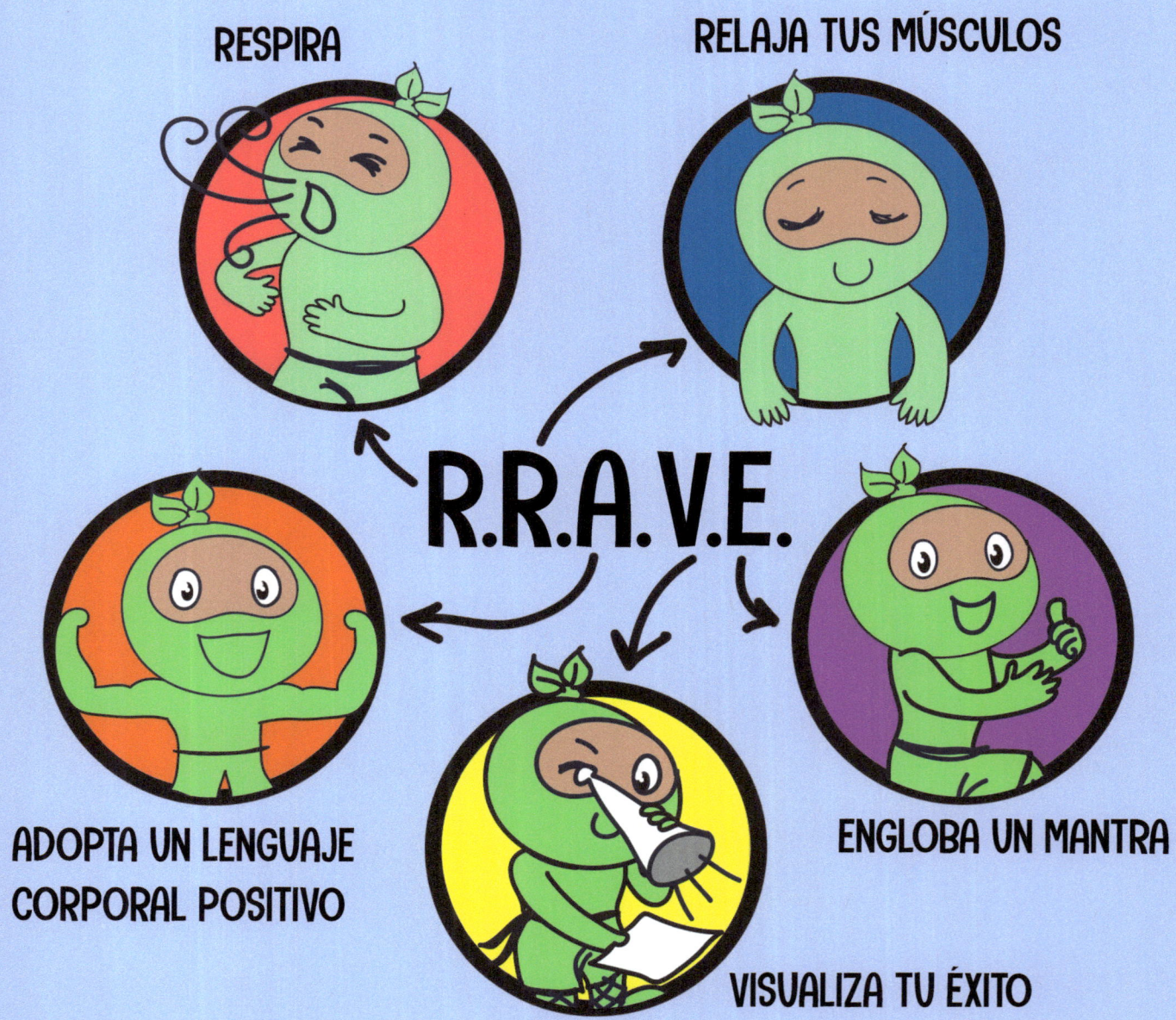

¡Visita ninjalifehacks.tv para obtener imprimibles divertidos gratis!

 @marynhin   @officialninjalifehacks
#NinjaLifeHacks

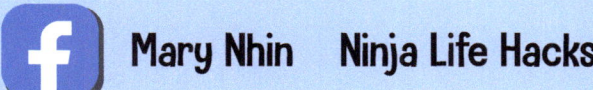 Mary Nhin   Ninja Life Hacks

 Ninja Life Hacks

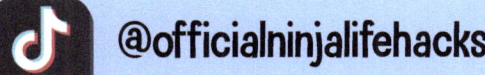 @officialninjalifehacks

www.ingramcontent.com/pod-product-compliance
Lightning Source LLC
Chambersburg PA
CBHW041104070526
44583CB00002B/56